PHILOKTÈTÈS

TRAGÉDIE DE SOPHOCLE

TRADUITE ET MISE A LA SCÈNE

PAR

PIERRE QUILLARD

Musique de Arthur Coquard

Représentée pour la première fois sur le Théatre national
de l'Odéon, le jeudi 19 novembre 1896

PARIS
LIBRAIRIE CHARPENTIER ET FASQUELLE
EUGÈNE FASQUELLE, ÉDITEUR
11, RUE DE GRENELLE, 11

—

1896

PHILOKTÈTÈS

TRAGÉDIE DE SOPHOCLE

SCEAUX. — IMPRIMERIE CHARAIRE ET Cie.

PHILOKTÈTÈS

TRAGÉDIE DE SOPHOCLE

TRADUITE ET MISE A LA SCÈNE

PAR

PIERRE QUILLARD

Musique de ARTHUR COQUARD

Représentée pour la première fois sur le théâtre national de l'Odéon
le jeudi 19 novembre 1896.

PARIS
LIBRAIRIE CHARPENTIER ET FASQUELLE
EUGÈNE FASQUELLE, ÉDITEUR
11, RUE DE GRENELLE, 11

1896
Tous droits réservés.

PERSONNAGES

PHILOKTÈTÈS..................... M. Chelles.
NÉOPTOLÉMOS................... Mme Segond-Weber.
ODYSSEUS....................... MM. Ravet.
LE MARCHAND .... Céalis.
HÉRAKLÈS....................... Daltour.
1er CHOREUTE .... Monteux.
2e CHOREUTE..................... Dorival.

PHILOKTÈTÈS

PERSONNAGES

PHILOKTÈTES, ODYSSEUS, NÉOPTOLÉMOS
LE MARCHAND, CHŒUR DE MATELOTS

ODYSSEUS

Voici le rivage de la terre entourée d'eau, Lemnos ; les mortels ne le foulent pas ; il est inhabité. Ici, ô race d'un père qui fut le plus brave des Hellènes, enfant d'Akhilleus, Néoptolémos, j'ai exposé jadis, en ayant reçu l'ordre de ceux qui commandaient, le Mélien, fils de Pœas, dont le pied se liquéfiait par un mal dévorateur, alors que nous ne pouvions plus nous approcher en paix des libations et des sacrifices, mais que de ses sauvages clameurs de mauvais augure, il emplissait le camp tout entier, criant, gémissant. Mais à quoi bon dire ces choses ? ce n'est pas pour nous l'heure de longs discours : et même, s'il allait découvrir ma venue et que je perdisse ainsi tout le profit du stratagème où je pense le prendre tout à l'heure! Mais c'est ton affaire maintenant de me seconder pour le reste et de chercher où se trouve ici une roche à deux issues, telle qu'en hiver le soleil s'y arrête à deux endroits et qu'en été la brise y envoie le sommeil par la double bouche de la caverne. Un peu au-dessous, vers la gauche, tu pourras voir l'eau d'une source, si elle n'est pas desséchée. Approche-toi : tu m'indiqueras s'il habite encore près de l'endroit où nous sommes ou s'il se trouve ailleurs, afin que tu entendes et que je te dise le reste du dessein et que nos efforts marchent de concert.

NÉOPTOLÉMOS

Prince Odysseus, l'entreprise dont tu parles est aisée : car je crois bien apercevoir une caverne comme celle que tu dis.

ODYSSEUS

En haut où en bas ? je ne puis distinguer.

NÉOPTOLÉMOS

La voilà, là-haut ; et nul bruit de pas.

ODYSSEUS

Regarde, s'il n'est pas couché pour dormir.

NÉOPTOLÉMOS

Je vois une demeure vide, sans personne.

ODYSSEUS

Mais y a-t-il à l'intérieur quelque aménagement qui en fasse une habitation?

NÉOPTOLÉMOS

Du feuillage foulé comme si l'on couchait dessus.

ODYSSEUS

Le reste de la caverne est-il vide? N'y a-t-il rien d'autre dedans

NÉOPTOLÉMOS

Une coupe de bois brut, travail d'un ouvrier inhabile et aussi de quoi faire du feu.

ODYSSEUS

Il est à l'homme que nous cherchons, le trésor que tu décris.

NÉOPTOLÉMOS

Ah! ah! et aussi ces loques qui sèchent; elles lui servent à panser un mal affreux.

ODYSSEUS

L'homme habite ces lieux, sûrement; il est ici, non loin. Comment s'éloignerait-il avec son pied malade d'une peste ancienne? Peut-être est-il sorti sur le chemin de sa nourriture ou en quête d'une plante, s'il en connaît qui apaisent sa douleur. Envoie donc cet homme en éclaireur, de peur qu'il ne me surprenne en survenant à l'improviste : il aimerait mieux s'emparer de moi que de tous les Argiens.

NÉOPTOLÉMOS

Il est parti et surveillera la piste. Et toi, si tu désires quelque chose, dis-le-moi en un second avis.

PHILOKTÈTÈS

ODYSSEUS

Enfant d'Akhilleus, il te faut, dans l'affaire pour quoi tu es venu, n'être point brave seulement avec le corps; mais quand bien même, parmi les choses que je ne t'ai pas encore dites, tu en entendrais d'étranges, me seconder puisque tu es là pour me servir.

NÉOPTOLÉMOS

Qu'ordonnes-tu donc?

ODYSSEUS

Il faut par tes propos abuser l'âme de Philoktètès quand tu lui parleras. Lorsqu'il te demandera qui tu es et d'où tu viens, dis que tu es le fils d'Akhilleus, — cela n'est pas à cacher, — que tu navigues dans le dessein d'aller vers ta patrie et que tu as abandonné l'armée navale des Akhéens, les haïssant d'une haine grande, eux qui par des prières t'ont fait sortir de tes demeures, seul moyen pour eux de prendre Ilios, et ne te jugèrent point digne de recevoir les armes akhilléennes que tu réclamais en maître légitime, et qu'ils ont livrées à Odysseus. Profère contre nous les dernières des dernières injures, tant que tu voudras. Cela ne m'offensera en rien : mais si tu ne le fais pas, tu causeras de la peine à tous les Argiens. Si on ne lui prend ses flèches, nul espoir pour toi de détruire la terre de Dardanos. Mais sache pourquoi tu peux t'entretenir avec lui en toute confiance et sécurité, tandis que moi je ne le peux pas. Tu as fait voile sans être obligé à personne par un serment, ni contraint par la nécessité, sans être de la première expédition, tandis que moi, je ne puis rien nier de tout cela. Si, maître de ses armes, il me voit, je suis mort et je te perdrai avec moi, pour être mon compagnon. Mais il faut voir par quel artifice tu deviendras voleur des armes invincibles. Je sais, enfant, que tu n'es point de nature à dire de telles paroles et à inventer de mauvaises machinations. Mais la victoire est un doux bien à prendre ; ose ; nous nous montrerons justes une autre fois. Laisse-moi te conduire vers la honte pour un court moment de cette journée et après, jusqu'à la fin des temps, sois proclamé le plus vertueux de tous les hommes.

NÉOPTOLÉMOS

Ce qu'il m'est pénible d'entendre, fils de Laertès, j'ai horreur de l'exécuter. Je ne suis point né pour les mauvais artifices ni moi, ni, à ce qu'on dit, celui qui m'engendra. Mais je suis prêt à emmener l'homme de force et non par des ruses. Ce n'est pas avec un seul pied qu'il viendra à bout de nous par la force, nombreux comme nous sommes. Cependant, envoyé pour être ton auxiliaire, je crains d'être appelé traître : j'aime mieux, ô prince, échouer en agissant noblement que vaincre par la perfidie.

ODYSSEUS

Enfant d'un père irréprochable, moi aussi quand j'étais jeune, autrefois, j'avais la langue paresseuse et la main active ; mais en venant à l'expérience, j'ai vu que chez les hommes, c'est la langue qui mène tout, non les actes.

NÉOPTOLÉMOS

Que m'ordonnes-tu donc, sauf de mentir ?

ODYSSEUS

Je te dis de prendre par la ruse Philoktètès.

NÉOPTOLÉMOS

Pourquoi l'emmener par la ruse plutôt que par la persuasion ?

ODYSSEUS

Il ne se laissera pas persuader et par la force, tu ne saurais le prendre.

NÉOPTOLÉMOS

Peut-il donc se fier à une force si terrible ?

ODYSSEUS

A ses flèches inévitables et qui portent la mort au loin.

NÉOPTOLÉMOS

Est-il donc peu sûr même de l'approcher ?

ODYSSEUS

Oui, du moins sans employer la ruse, comme je le dis.

NÉOPTOLÉMOS

Ainsi tu ne trouves point honteux de dire des mensonges ?

ODYSSEUS

Non, si le mensonge apporte avec lui le salut.

PHILOKTÈTÈS

NÉOPTOLÉMOS

De quel front oser tenir tout haut un tel langage?

ODYSSEUS

Quand l'acte est profitable, il ne faut pas hésiter.

NÉOPTOLÉMOS

Mais quel profit pour moi à sa venue en Troade?

ODYSSEUS

Seules les flèches prendront Troia.

NÉOPTOLÉMOS

Mais le destructeur futur de la ville, ce n'est pas moi, comme vous le disiez?

ODYSSEUS

Ni toi sans les flèches, ni elles sans toi.

NÉOPTOLÉMOS

Il faut donc s'en emparer, s'il en est ainsi.

ODYSSEUS

Certes, et en le faisant tu auras double profit.

NÉOPTOLÉMOS

Comment? Si je le savais, je ne refuserais pas d'agir.

ODYSSEUS

Tu seras appelé en même temps ingénieux et brave.

NÉOPTOLÉMOS

Soit, je le ferai, toute honte rejetée.

ODYSSEUS

Tu te rappelles mes conseils?

NÉOPTOLÉMOS

Sans doute, une fois que j'ai promis.

ODYSSEUS

Demeure donc et reçois-le ici. Moi je m'éloigne, pour qu'il ne me voie pas quand il viendra, et je renverrai l'éclaireur au navire. Là, s'il me semble que vous laissez traîner l'affaire, je vous dépêcherai derechef ce même homme dissimulé sous l'apparence d'un pilote, afin qu'il soit méconnaissable. Quant à toi, enfant, parmi ces paroles astucieuses, distingue entre ses propos courants ceux qui peuvent servir à notre dessein. Je retourne au navire et te remets l'action. Que le rusé Hermès, notre guide, vous conduise et Nikè Athana Polias qui me protège toujours.

LE CHŒUR

STROPHE I

Que faut-il, que faut-il, ô maître, étranger sur une terre étrangère, taire ou dire à cet homme soupçonneux ? Enseigne-le-moi. Car l'habileté l'emporte sur l'habileté d'autrui et aussi la sagesse chez celui qui gouverne le sceptre divin de Zeus ; et toi, enfant, la toute-puissance t'est venue des âges antiques. Dis-moi comment je pourrai te servir.

NÉOPTOLÉMOS

Maintenant — car tu veux sans doute voir jusqu'au fond l'endroit où il couche — regarde hardiment. Mais quand il viendra, le passant terrible de cette demeure, sois attentif aux signes de ma main et me rends le service approprié au moment.

LE CHOEUR

ANTISTROPHE I

C'est mon soin depuis longtemps, le soin dont tu parles, ô prince, que mon œil veille toujours à ton intérêt. Mais maintenant, dis-moi où il habite d'ordinaire et où il est en ce moment. Il m'importe de savoir, pour qu'il ne me soupçonne pas en venant à l'improviste, où il va, où il séjourne, et quelle est sa route au dedans et au dehors.

NÉOPTOLÉMOS

Tu vois la demeure à deux seuils et la couche de rocher.

LE CHOEUR

Où s'en est allé ce malheureux?

NÉOPTOLÉMOS

Sans doute, en quête de nourriture il suit péniblement ce sentier près d'ici. Car il n'a, dit-on, d'autre ressource pour vivre que de frapper les bêtes de ses flèches ailées, douloureux douloureusement, et jamais nul guérisseur de ses maux ne vient vers lui.

LE CHŒUR

STROPHE II

J'ai pitié de lui : je songe comment, sans que nul prenne soin de lui, privé même d'un visage familier, misérable, seul toujours, malade d'une maladie sauvage, il ne sait que faire contre les besoins qui l'assaillent. Comment, comment l'infortuné résiste-t-il ! O bras des dieux, ô misérables générations des hommes qui s'élèvent au-dessus de la foule.

ANTISTROPHE II

Celui-ci qui, parmi les maisons des races antiques, n'est le second de personne, dénué de tout dans la vie, gît seul, loin des autres hommes, avec les bêtes sauvages tachetées ou velues, pitoyable dans ses souffrances et dans sa faim, portant le fardeau d'une insupportable angoisse ; et l'écho, bouche jamais close, reçoit et propage au loin ses amères clameurs.

NÉOPTOLÉMOS

Rien de tout cela ne m'étonne. Car elles sont envoyées par les dieux, si j'ai quelque sagesse, ces souffrances qui lui sont venues de la cruelle Chrysè. Et ce qu'il supporte sans être secouru ne peut l'avoir atteint que par la volonté des dieux, pour qu'il ne tende pas contre Troia les flèches invincibles d'Appollon, avant que le temps ne soit venu où il est dit que la ville doit succomber par elles.

LE CHŒUR

Garde le silence, enfant.

NÉOPTOLÉMOS

Pourquoi ?

LE CHOEUR

STROPHE III

J'entends un son comme celui qui accompagnerait un homme dans la peine, par ici, ou par là ; il me frappe, il me frappe, le vrai bruit d'un homme qui rampe avec peine et aussi une voix triste et dolente qui vient de loin ; nul doute qu'il pleure.

LE CHOEUR

Mais aie mon fils...

NÉOPTOLÉMOS

Quoi donc, dis-le.

LE CHOEUR

Des réflexions nouvelles. Il n'est pas loin, l'homme, mais tout près ; il ne fait point entendre le chant de la syrinx comme un berger qui mène paître son troupeau ; mais il pousse un cri de douleur qui retentit au loin, soit qu'il ait heurté quelque chose, soit qu'il ait vu l'ancrage inattendu du navire, car il clame terriblement.

PHILOKTÈTÈS

O étrangers, qui êtes-vous ? Par quelle fortune avez-vous abordé en cette terre inhospitalière et inhabitée ? De quelle patrie, de quelle race faut-il dire que vous êtes pour ne pas me tromper ? Voici bien le vêtement hellène qui m'est très cher ; mais c'est votre voix que je veux entendre. Ne soyez pas saisis d'horreur et de crainte par mon aspect sauvage ; mais prenez en pitié un homme misérable, seul, ainsi abandonné et sans amis; il vous invoque, parlez-lui, si toutefois vous venez en amis. Répondez ; vous ne devez pas me le refuser, ni moi de vous adresser la parole.

NÉOPTOLÉMOS

O étranger, sache d'abord que nous sommes des Hellènes, car c'est cela que tu veux apprendre.

PHILOKTÈTÈS

O très chère parole ! ô joie d'entendre un tel langage après un long espace de temps. Quelle nécessité, ô enfant, t'a fait aborder et t'a conduit ici ? quelle entreprise, quel vent très ami ? Dis-moi tout cela pour que je sache qui tu es.

NÉOPTOLÉMOS

Par la naissance, je suis de Skyros entourée d'eau. Je navigue vers ma maison. Je m'appelle le fils d'Akhilleus, Néoptolémos. Tu sais tout.

PHILOKTÈTÈS

O enfant d'un père très cher, d'une terre amie, ô nourrisson du vieillard Lykomèdès, quelle expédition t'a fait aborder dans cette terre ? d'où vient ton navire ?

NÉOPTOLÉMOS

Maintenant d'Ilios.

PHILOKTÈTÈS

Qu'as-tu dit? Tu ne naviguais pas avec nous au commencement de l'expédition contre Ilios.

NÉOPTOLÉMOS

Et toi, tu étais de cette entreprise?

PHILOKTÈTÈS

O enfant, tu ne sais donc pas qui tu vois?

NÉOPTOLÉMOS

Comment te connaîtrais-je, toi que je n'ai jamais vu?

PHILOKTÈTÈS

Tu n'as donc appris ni mon nom, ni la renommée des maux qui me font périr?

NÉOPTOLÉMOS

Sache-moi ignorant de tout ce que tu racontes.

PHILOKTÈTÈS

O malheureux que je suis et haï des dieux! pas même le bruit de mon malheur n'est venu dans ma patrie ni en aucun lieu de la terre hellène. Eux qui m'ont rejeté cruellement, ils me raillent en silence et mon mal prend de la force et grandit. O enfant, fils d'Akhilleus, moi que voici devant toi, je suis celui dont tu as entendu dire peut-être qu'il est maître des armes hérakléennes, l'enfant de Pœas, Philoktètès, que les deux stratèges et le prince des Képhalléniens ont jeté indignement ici, abandonné, consumé par un mal sauvage, atteint par la morsure sauvage du serpent

homicide. Tel, ils m'ont abandonné ici et se sont
enfuis quand ils abordèrent en venant sur leurs navires
de la maritime Khrysè. Quand ils me virent pris d'un
heureux sommeil, après la mer tumultueuse, sur le
rivage, à l'ombre d'un rocher, ils m'ont abandonné,
ils se sont enfuis, mettant auprès de moi comme pour
un mendiant des haillons, et encore le peu de nourriture nécessaire. Puisse-t-il leur échoir la même fortune! Peux-tu comprendre, ô enfant, quel fut mon
réveil, eux partis, quelles larmes et quels sanglots sur
mon malheur, quand j'ai vu que les navires avec les-
quels j'avais navigué s'en étaient tous allés, qu'il n'y avait
ici personne pour me secourir et soulager mon mal.
J'ai regardé de tous côtés et je n'ai vu de présente que
la douleur, mais qui florissait abondamment, ô fils! Et
les jours suivaient les jours et il me fallait, seul sous
cet étroit abri, être mon propre serviteur. Ce que récla-
mait ma faim, cet arc me le fournissait frappant les
colombes ailées et vers ce qu'il advenait d'atteindre à la
flèche lancée par le nerf de l'arc, moi-même misérable
je me traînais, en tirant mon pied douloureusement vers
ma proie. Si j'avais besoin de puiser de l'eau ou, quand
la glace s'étendait partout comme en hiver, de briser
un peu de bois, je n'y parvenais qu'en rampant avec
peine. Puis le feu manquait et en frottant pierre contre
pierre, j'en faisais jaillir difficilement la lumière cachée,
qui me conserve vivant. Car la demeure que j'habite,
quand j'ai du feu, me donne tout, sauf de n'être plus
malade. Et maintenant, ô enfant, apprends ce qu'est
cette île. Nul navigateur n'en approche volontairement;

car il n'y a pas de port, ni d'endroit où trafiquer ou recevoir l'hospitalité. Aussi les hommes avisés n'y viennent pas sur leurs navires. Parfois on y aborde malgré soi, car de telles aventures arrivent à l'homme dans un long espace de temps. Ceux qui abordent ainsi, ô enfant, s'apitoient sur moi en paroles et me donnent par compassion un peu de nourriture ou des vêtements; mais ce que personne ne veut, quand j'en parle, c'est me mener vivant dans ma patrie et je péris malheureux — cette année est la dixième! — dans la faim et dans les maux, nourrissant le mal vorace. Voilà ce que m'ont fait, ô enfant, les Atrides et la violence d'Odysseus. Que les dieux olympiens leur donnent un jour de souffrir des douleurs vengeresses des miennes.

LE CHŒUR

Et moi aussi, fils de Pœas; je dois te plaindre comme les étrangers qui ont abordé dans l'île.

NÉOPTOLÉMOS

Et moi, témoin de tes paroles, je sais qu'elles sont vraies, moi qui ai éprouvé la cruauté des Atrides et la violence d'Odysseus.

PHILOKTÈTÈS

Comment! toi aussi, tu as un grief contre les Atrides funestes et tu t'irrites d'une injure qu'ils t'ont faite.

NÉOPTOLÉMOS

Puissé-je un jour assouvir ma colère avec mon bras pour que Mykénai et Spartè sachent que Skyros aussi est la mère d'hommes vaillants!

PHILOKTÈTÈS

Bien, ô enfant ! Mais par quelle faute ont-ils excité contre eux cette violente colère ?

NÉOPTOLÉMOS

O fils de Pœas, je dirai, mais je dirai avec peine, quelle injure ils m'ont faite quand je suis venu en Troade. Lorsque la Moira prit Achilleus pour la mort...

PHILOKTÈTÈS

Hélas ! ne va pas plus loin, que je sache d'abord si le fils de Péleus est mort.

NÉOPTOLÉMOS

Il est mort, sous les coups non d'un homme, mais d'un dieu, dompté, dit-on, par les traits de Phoibos.

PHILOKTÈTÈS

Certes, tous deux sont nobles, le meurtrier et le mort ! Mais je ne sais, ô enfant, si je te demanderai avant toute chose de me dire ton outrage, ou si je pleurerai ce héros.

NÉOPTOLÉMOS

Je pense que tes misères te suffisent, ô malheureux, sans que tu déplores celles d'autrui.

PHILOKTÈTÈS

Tu dis vrai... Reprends donc le récit de l'injure qu'ils t'ont faite.

NÉOPTOLÉMOS

Ils vinrent à moi, sur un navire bariolé, le divin Odysseus et le nourricier de mon père. Ils disaient, vérité ou mensonge, qu'il n'était pas permis par les destins, mon père mort, qu'un autre que moi prît la citadelle. Ils n'eurent pas, ô étranger, à me le dire longtemps, pour que je fisse voile aussitôt, surtout par regret du mort, et afin de le voir encore non enseveli ; car je ne l'avais jamais vu, et aussi à cause de leurs belles paroles dans l'espoir peut-être de prendre la citadelle, de Troia. C'était le second jour de la traversée et moi aussi, avec une rame heureuse, j'abordai la pointe Sigéenne. Aussitôt débarqué, toute l'armée m'environnant me salua en jurant qu'ils revoyaient vivant Akhilleus qui n'était plus. Lui donc gisait et moi malheureux, peu de temps après l'avoir pleuré, j'allai vers les Atrides, mes amis devais-je croire, et je demandai ses armes et tout ce qui venait de lui.

Mais ils prononcèrent, hélas! la plus indigne des réponses : « O fils d'Akhilleus, tu peux prendre tout le reste de ce qui fut à ton père : pour ses armes, un autre homme maintenant en est maître, le fils de Laertès... »

A ces paroles, je me dresse aussitôt, plein de colère, et je dis avec douleur : « Misérable, avez-vous donc osé donner mes armes à un autre qu'à moi, avant de m'avoir consulté. » Et cet Odysseus à son tour parla, car il se trouvait proche : « Oui, enfant, ils m'ont justement donné ces armes, à moi qui les ai sauvées, elles et le corps d'Akhilleus. » Irrité, je l'accablai de toutes les exécrations, sans en omettre aucune, si on lui laissait prendre mes armes. Lui, poussé à bout, bien que difficile à irriter, me répondit, mordu au cœur : « Tu n'étais pas où nous étions, tu étais loin quand il fallait être là et ces armes, puisque tu parles même avec une bouche arrogante, jamais tu ne les emporteras à Skyros sur ton navire. »

Après avoir entendu de telles injures, je fais voile vers mes demeures, spolié de ce qui m'appartient par Odysseus, le plus infâme des hommes, né d'infâmes aïeux. Et je l'accuse moins encore que les chefs : car une armée aussi bien qu'une ville dépend de ceux qui commandent : ceux des mortels qui agissent injustement apprennent le mal de leurs maîtres. J'ai tout dit. Que celui qui hait les Atrides soit aussi cher aux dieux qu'il m'est cher à moi-même.

LE CHŒUR

STROPHE

O terre, toi qui aimes les montagnes, nourrice de toutes choses, mère de Zeus lui-même, qui possèdes le grand Paktolos riche en or, c'est toi que j'ai invoquée là-bas aussi, ô mère vénérable, quand la pleine violence des Atrides se rua contre lui, quand ils livrèrent les armes de son père, ô bienheureuse assise sur des lions tueurs de bœufs, quand ils livrèrent au fils de Laertès cette suprême gloire.

PHILOKTÈTÈS

O étrangers, vous apportez, en venant vers moi, des signes sûrs de votre haine et vous êtes d'accord avec moi pour comprendre que ce sont là les actes des Atrides et d'Odysseus : je sais sa langue capable de tous les mensonges, de toutes les infamies qui peuvent aboutir à un crime. De cela, je n'ai nul étonnement; mais je serais surpris si l'aîné des Aïas avait, étant présent, souffert sous ses yeux de pareils actes.

NÉOPTOLÉMOS

Il n'était plus vivant, ô étranger. Jamais, lui vivant, on ne m'aurait volé mes armes.

PHILOKTÈTÈS

Qu'as-tu dit? Est-ce que lui aussi s'en est allé dans la mort?

NÉOPTOLÉMOS

Sache qu'il a disparu du jour.

PHILOKTÈTÈS

O malheureux! Mais le fils de Tydeus et Odysseus, cet enfant de Sisyphos que Laertès a acheté, je n'ai crainte qu'ils soient morts : voilà ceux qui ne devraient plus vivre.

NÉOPTOLÉMOS

Ils vivent, sache-le; ils fleurissent superbement dans l'armée des Argiens.

PHILOKTÈTÈS

Et le vieillard courageux qui m'était cher, Nestor le Pylien, vit-il encore? Il s'opposait à leurs mauvaises actions et donnait de sages avis.

NÉOPTOLÉMOS

Il est malheureux maintenant : Antilokhos, qui fut son fils, est mort.

PHILOKTÈTÈS

Ah ! tu viens de nommer deux hommes, dont j'aurais le moins voulu apprendre la mort. Hélas, hélas! où tourner nos yeux, puisqu'ils ont péri et qu'Odysseus, comme toujours, a survécu, lui dont il faudrait entendre dire qu'il est mort à leur place.

NÉOPTOLÉMOS

C'est un adroit lutteur, mais même les subtils desseins, ô Philoktétès, sont entravés souvent.

PHILOKTÈTÈS

Dis-moi, au nom des dieux, où était alors Patroklos, les délices de ton père.

NÉOPTOLÉMOS

Il était mort aussi. Pourquoi, je te l'apprendrai d'un mot : la guerre n'emporte pas volontiers les pires, mais toujours les meilleurs.

PHILOKTÈTÈS

J'en témoigne avec toi: aussi vais-je t'interroger sur un homme indigne, mais habile et adroit de sa langue.

NÉOPTOLÉMOS

De quel autre qu'Odysseus veux-tu parler ?

PHILOKTÈTÈS

Ce n'est pas de lui que j'ai parlé; mais il y avait un Thersitès qui aimait à répéter ce qu'on n'eût pas voulu lui entendre dire une seule fois. Sais-tu s'il est encore vivant ?

NÉOPTOLÉMOS

Je ne l'ai pas vu, mais j'ai appris qu'il vivait encore.

PHILOKTÈTÈS

Cela devait être: jamais les méchants ne meurent, mais les daimones ont grand soin d'eux et je ne sais comment ils aiment à rappeler du Hadès toute scélératesse et toute ruse et à y envoyer la justice et la vertu. Comment juger cela? comment l'approuver, quand, à l'heure de louer les actes divins, je vois que les dieux sont mauvais ?

NÉOPTOLÉMOS

Pour moi, ô race d'un père œtéen, je me garderai désormais de voir que de très loin Ilios et les Atrides. Ceux chez qui le pire est plus fort que le bon, où le meilleur défaille et où le lâche l'emporte, je ne les aimerai jamais. Mais la pierreuse Skyros me suffira dorénavant et je m'en contenterai comme demeure. Maintenant je retournerai à mon bord. Et toi, fils de Pœas, sois heureux, adieu et que les daimones te délivrent de ta maladie ; je le souhaite autant que toi-même. Nous allons, afin de partir aussitôt qu'un dieu nous permettra de faire voile.

PHILOKTÈTÈS

Déjà, enfant, vous partez!

NÉOPTOLÉMOS

Oui, il faut songer au départ, plutôt de près que de loin.

PHILOKTÈTÈS

Alors, ô fils, par ton père, par ta mère, par tout ce que tu as de cher dans ta maison, je viens vers toi en suppliant, ne me laisse pas seul ainsi, abandonné parmi les maux où tu me vois et que je t'ai dits ; mais emmène-moi comme une charge prise par surcroît. Importun et triste fardeau, je le sais ; tolère-moi cependant ; les hommes bien nés haïssent ce qui est honteux et se font gloire de la générosité. Si tu l'oublies, tu te déshonoreras. Si tu t'en souviens, au contraire, une grande gloire t'en récompensera, si j'arrive vivant sur la terre œtéenne. Allons : c'est une peine de moins d'un jour entier. Aie courage ; pourvu que tu m'emmènes, jette-moi où tu voudras dans la sentine, à la proue, à la poupe où je gênerai le moins mes compagnons. Consens, fils, au nom de Zeus même protecteur des suppliants, laisse-toi persuader. Je me jette à genoux devant toi et cependant, ô malheureux, je suis infirme et je boite. Ne m'abandonne pas ainsi tout seul, loin de la route des hommes.

mais sauve-moi, conduis-moi dans ma demeure ou vers le séjour eubéen de Khalkodôn. Le voyage sera court de là à l'Œta, à la cime Trakhinienne et vers le Sperkhios aux belles eaux. Ainsi tu me rendras à mon père chéri et dès longtemps je crains qu'il ne soit plus. Souvent, par ceux qui venaient ici, je lui ai adressé des prières suppliantes, je l'ai conjuré d'envoyer un navire qu'il équiperait lui-même pour me ramener dans mes demeures. Mais il est mort, ou bien les messagers, sans faire cas de moi, à ce que je pense et comme il est naturel, se sont hâtés de retourner chez eux. Maintenant, je viens vers toi, pour que tu sois en même temps l'auteur et le messager de mon retour. Sauve-moi ; aie pitié de moi ; et considère que pour les hommes la prospérité, comme son contraire, a ses dangers. Il faut, quand on est à l'abri de la douleur, craindre les revers et, dans les minutes heureuses, veiller sur soi plus que jamais pour n'être pas surpris à l'improviste par l'adversité.

LE CHOEUR

ANTISTROPHE

Aie pitié, ô prince. Il a dit les épreuves d'abondantes et intolérables douleurs, telles que nul de mes amis n'en connaisse jamais de semblables! Mais, ô prince, si tu hais les funestes Atrides, je ferai tourner à l'avantage de cet homme le mal qu'ils t'ont fait, je le conduirai vers ses demeures sur un rapide vaisseau bien équipé, évitant la vengeance des dieux.

NÉOPTOLÉMOS

Prends garde de te montrer maintenant trop complaisant et que plus tard, las d'avoir la compagnie de son mal, tu pourrais bien changer de langage.

LE CHOEUR

Non ; jamais tu n'auras de motif de me faire avec justice un tel reproche.

NÉOPTOLÉMOS

J'aurais honte de paraître moins empressé que toi à prendre pour cet étranger la peine nécessaire. Si tu le veux donc, faisons voile; que Philoktètès se hâte. Notre navire l'emmènera et nous ne repousserons pas sa prière. Que les dieux seulement protègent notre route et nous mènent où nous voudrions aller en partant de cette terre.

PHILOKTÈTÈS

O jour très cher! homme plein de bonté, chers matelots, par quels actes vous témoigner ma reconnaissance. Allons, fils, entrons et baisons tous deux le foyer de cette habitation inhabitable ; tu apprendras comment je vivais et que je suis né avec un cœur viril. Nul autre que moi, je pense, n'aurait pu supporter seulement le spectacle de ma misère; la nécessité m'a appris à me résigner à mes maux.

LE CHOEUR

Attendez; informons-nous. Deux hommes s'approchent : l'un est un de tes matelots, l'autre, un étranger. Quand vous saurez ce qu'ils disent, alors seulement, entrez.

LE MARCHAND

Fils d'Akhilleus, j'ai prié ton compagnon qui gardait ton navire avec deux autres hommes de me dire où tu étais puisque, sans m'y attendre et par quelque hasard, je t'ai rencontré pour avoir abordé au même rivage. Maître d'un navire, je vais avec un faible équipage d'Ilios vers ma patrie, Péparèthos, riche de raisins ; quand j'ai appris que tous les matelots débarqués dans l'île étaient à toi, j'ai cru bon de ne pas continuer mon voyage avant de t'avoir parlé, quand tu m'auras justement rémunéré de mon service. Tu ne sais rien des nouveaux desseins que les Argiens ont à ton égard et ce ne sont pas que des projets mais des actes qui s'accomplissent et sont en train de s'exécuter.

NÉOPTOLÉMOS

Ce soin obligeant, ô étranger, si je ne suis pas né ingrat, m'inspirera une reconnaissance durable. Explique tes paroles, pour que je sache quel projet plus récent des Argiens tu viens me révéler.

LE MARCHAND

Le vieux Phœnix et les fils de Théseus sont partis pour te poursuivre avec une flotte.

NÉOPTOLÉMOS

Pensent-ils me ramener par la force ou par l'éloquence ?

LE MARCHAND

Je l'ignore ; voilà ce que j'ai entendu dire ; je te l'annonce.

NÉOPTOLÉMOS

Ainsi Phœnix et ses compagnons font tant de hâte pour complaire aux Atrides ?

LE MARCHAND

Sache que leur projet s'accomplit et n'est plus à exécuter.

NÉOPTOLÉMOS

Mais comment Odysseus ne s'est-il pas trouvé prêt à faire voile avec eux, lui qui leur avait promis son aide ? Aurait-il eu peur ?

LE MARCHAND

Lui et le fils de Tydeus se préparaient à aller surprendre un autre homme, quand j'ai mis à la voile.

NÉOPTOLÉMOS

Vers qui donc Odysseus naviguait-il ?

LE MARCHAND

Vers quelqu'un apparemment... Mais dis-moi d'abord qui est cet homme ; ne me réponds pas tout haut.

NÉOPTOLÉMOS

Tu vois ici l'illustre Philoktètès, ô étranger.

LE MARCHAND

Ne m'en demande pas plus et enfuis-toi au plus vite loin de ce pays.

PHILOKTÈTÈS

Que dit-il, ô enfant ? A quel trafic se livre-t-il avec toi en cachette ?

NÉOPTOLÉMOS

Je ne sais ce qu'il raconte ; mais il faut qu'il dise au grand jour ce qu'il dira, devant toi et moi et tous ceux-ci.

LE MARCHAND

O fils d'Akhilleus, ne me rends pas odieux à l'armée en me faisant dire ce que je devais taire : je reçois d'eux beaucoup de profit en rétribution de mes services, et je suis un pauvre homme.

NÉOPTOLÉMOS

Et moi, je suis l'ennemi des Atrides et celui-ci m'est très cher parce qu'il exècre les Atrides Il faut donc, puisque tu es venu vers moi en ami, ne rien me cacher de ce que tu as entendu dire.

LE MARCHAND

Réfléchis à ce que tu fais, enfant.

NÉOPTOLÉMOS

J'ai réfléchi aussi bien que toi, depuis longtemps.

LE MARCHAND

C'est toi que je rendrai responsable de tout.

NÉOPTOLÉMOS

Soit, pourvu que tu parles.

LE MARCHAND

Je parlerai. C'est vers lui que viennent les deux hommes que j'ai dits, le fils de Tydeus et la force Odysséenne : ils ont juré qu'ils l'emmèneraient, soit par la persuasion, soit par la violence. Et tous les Akhéens l'ont entendu dire clairement à Odysseus, qui semblait plus que l'autre avoir confiance dans le succès.

NÉOPTOLÉMOS

Pourquoi les Atrides, après un temps si long, se souciaient-ils si vivement de Philoktètès, qu'ils avaient depuis longtemps banni ? Quel est ce regret qui leur est venu ou quel décret vengeur des dieux qui punissent les crimes ?

LE MARCHAND

Je te raconterai tout depuis le début : car tu n'en as peut-être pas entendu parler. Il y avait un devin de bonne race, fils de Priamos, que l'on nommait Hélénos. Une nuit, étant sorti seul, celui à qui toutes les injures et toutes les insultes ont été dites, ce fourbe Odysseus le prit et l'amena chargé de chaînes pour le montrer aux Akhéens comme une belle proie. Et Hélénos leur prophétisa tout et qu'ils ne prendraient pas la citadelle de Troia sans avoir, par la persuasion, emmené celui-ci de l'île où il habite maintenant. Dès que le fils de Laertès eut entendu les paroles il prétendit qu'il ferait voir l'homme aux Akhéens et l'amènerait : il pensait, disait-il, le prendre avec son consentement et s'il refusait, malgré lui, et donnait sa tête à couper s'il ne réussissait pas. Tu sais tout, fils. Je vous conseille donc de partir, toi et ceux dont tu te soucies.

PHILOKTÈTÈS

Hélas! malheureux que je suis! Cet homme, qui est tout crime, a juré qu'il me ramènerait vers les Akhéens par la persuasion. Je me laisserai persuader cela à peu près aussi aisément que de revenir du Hadès au jour, une fois mort, comme fit son père Sisyphos.

LE MARCHAND

J'ai dit tout ce que je sais. Je retourne à mon navire; que les dieux vous soient à tous deux le plus favorables possible.

PHILOKTÈTÈS

N'est-il pas terrible, ô enfant, que le Laertïade espère par de douces paroles me ramener et me montrer de nouveau au milieu des Akhéens? J'aimerais mieux me laisser persuader par le serpent très détesté qui m'a ainsi privé de mon pied. Mais il peut tout dire, tout oser. Aussi, enfant, éloignons-nous, afin qu'une vaste mer nous sépare de son vaisseau. Allons, une hâte opportune amène, le travail fini, le sommeil et le repos.

NÉOPTOLÉMOS

Nous partirons aussitôt que le vent qui souffle du côté de la proue aura cessé : maintenant il nous est contraire.

PHILOKTÈTÈS

Le vent est toujours bon, quand on fuit le malheur.

NÉOPTOLÉMOS

Je le sais, mais le temps leur est aussi contraire.

PHILOKTÈTÈS

Pour les brigands, il n'y a pas de vent contraire quand c'est le moment de voler et d'enlever de force.

NÉOPTOLÉMOS

Soit, si tu le veux, partons, mais prenons d'abord au dedans ce qui t'est le plus nécessaire et que tu désires le plus.

PHILOKTÈTÈS

Il y a des choses dont j'ai besoin, mais le choix n'est pas embarrassant.

NÉOPTOLÉMOS

Qu'y a-t-il que tu ne trouverais pas sur mon navire ?

PHILOKTÈTÈS

J'ai une herbe avec laquelle j'endors ma plaie et j'apaise entièrement la douleur.

NÉOPTOLÉMOS

Prends-la donc. Que désires-tu encore emporter d'autre ?

PHILOKTÈTÈS

Mes flèches, si j'en avais oublié quelqu'une, pour que personne ne puisse s'en saisir.

NÉOPTOLÉMOS

Cet arc illustre est-ce celui que tu tiens maintenant ?

PHILOKTÈTÈS

Oui, c'est lui (car je n'en ai pas d'autre), celui que je porte dans les mains.

NÉOPTOLÉMOS

Me sera-t-il permis de le voir de près et de le toucher, et de l'adorer comme un dieu ?

PHILOKTÈTÈS

Tu le peux, fils, et ainsi de tout ce qui m'appartient et qui viendrait à te plaire.

NÉOPTOLÉMOS

Certes, je le désire, mais mon désir est de ne vouloir que ce qui est légitime ; sinon, je n'en tiens pas compte.

PHILOKTÈTÈS

Fils, tes paroles sont pieuses et ton désir légitime ; toi seul m'as donné de voir la lumière et la terre akhéenne et mon vieux père et mes amis, toi qui m'as relevé au-dessus de mes ennemis alors que j'étais au-dessous. Sois-en sûr : tu pourras les toucher, les recevoir de moi, et me les rendre, et te glorifier d'être le seul des mortels à qui sa vertu ait valu de les manier, car moi aussi c'est pour avoir rendu service que je les ai reçues.

NÉOPTOLÉMOS

Je ne regrette pas de t'avoir vu et pris pour un ami. Celui qui sait rendre le bien qu'il a reçu sera sans peine un ami plus précieux que toutes les richesses. Entre ici.

PHILOKTÈTÈS

Je t'y ferai entrer aussi ; mon mal réclame que tu m'assistes.

LE CHOEUR

STROPHE I

La renommée m'a fait connaître, mais je ne l'ai pas vu, celui qui s'approcha jadis du lit de Zeus, Ixiôn, et comment le tout-puissant fils de Kronos l'attacha sur une roue tournoyante. Mais jamais je n'ai connu par la parole, jamais je n'ai vu un autre mortel qui ait rencontré un destin plus ennemi que Philoktètès, qui, sans avoir nui à personne, sans avoir dépouillé quelqu'un d'un bien, mais juste entre les justes, ait péri si indignement. Je m'étonne que seul, parmi le bruit des flots qui se brisent aux alentours, je m'étonne qu'il ait continué une vie digne de toutes les larmes.

ANTISTROPHE I

Alors que, se secourant lui-même, incapable de marcher, sans un voisin de sa souffrance vers qui il pût pousser ses gémissements répétés par les rocs, dévorateurs et sanglants, sans personne pour endormir l'ardent flot de sang qui jaillit de ses plaies avec de douces herbes, s'il en rencontrait dont il pût arracher quelques brins à la terre nourricière. Il rampait çà et là comme un enfant privé d'une nourrice chérie, pour chercher un soulagement à son mal, quand s'apaisait la peste qui lui mord l'âme.

STROPHE III

Il ne prenait pour nourriture ni la semence de la terre sacrée ni les autres aliments que se partagent les hommes industrieux, sauf ce qu'il atteignait avec les flèches ailées qui s'envolent de son arc.

O âme soucieuse qui, depuis dix ans, n'a pas même goûté la douceur du vin qu'on verse et qui s'approchait toujours de l'eau immobile, quand ses regards lui avaient appris où en trouver !

ANTISTROPHE II

Maintenant il a rencontré le fils d'hommes excellents et, sorti de ses maux, il deviendra enfin heureux et grand. Celui-ci, après tant de mois, sur la carène qui fend la mer, le conduit vers la demeure paternelle des nymphes Méliennes, auprès des bords du Sperkhios où le héros au bouclier d'airain s'approcha des dieux, tout éclatant du feu divin, sur le sommet de l'OEta.

николтолéмos

Approche, si tu veux. Pourquoi donc, sans raison, demeures-tu silencieux ainsi et restes-tu immobile comme frappé de la foudre?

PHILOKTÈTÈS

Ah! ah! ah! ah!

NÉOPTOLÉMOS

Qu'y a-t-il?

PHILOKTÈTÈS

Rien d'extraordinaire. Allons, ô enfant.

NÉOPTOLÉMOS

Est-ce la douleur de la maladie qui t'assaille?

PHILOKTÈTÈS

Non. Il me semble qu'en ce moment je vais mieux. O dieux!

NÉOPTOLÉMOS

Pourquoi appelles-tu les dieux en gémissant?

PHILOKTÈTÈS

Pour qu'ils viennent vers nous, sauveurs et propices. Ah! ah! ah! ah!

NÉOPTOLÉMOS

Qu'éprouves-tu? ne parleras-tu pas, resteras-tu silencieux ainsi? Tu parais saisi par le mal.

PHILOKTÈTÈS

Je me meurs, enfant, et je ne pourrai cacher mon mal devant vous. Ah! ah! ah! ah! ah! Il vient, il vient. Malheureux, ô malheureux que je suis! Je me meurs, enfant. Je suis dévoré, enfant. Ah! ah! ah! ah!...

Au nom des dieux si près de toi, près de tes mains, tu as une épée, enfant, frappe l'extrémité de mon pied. Coupe-le vite, n'épargne pas ma vie. Va, ô fils.

NÉOPTOLÉMOS

Quelle subite douleur est venue, pour que tu gémisses et te lamentes ainsi?

PHILOKTÈTÈS

Tu le sais, ô fils.

NÉOPTOLÉMOS

Qu'est-ce?

PHILOKTÈTÈS

Tu le sais, ô enfant.

NÉOPTOLÉMOS

Qu'as-tu? je ne sais.

PHILOKTÈTÈS

Comment! tu ne sais pas. Ah! ah! ah! ah!

NÉOPTOLÉMOS

Le fardeau du mal est terrible.

PHILOKTÈTÈS

Terrible, oui, et inexprimable. Aie pitié de moi.

NÉOPTOLÉMOS

Que faut-il faire ?

PHILOKTÈTÈS

Ne va pas t'effrayer et me trahir! Elle revient à son gîte, la maladie vorace, sans doute quand elle est lasse de courir.

NÉOPTOLÉMOS

Hélas! hélas! malheureux! oui, malheureux par tous les maux! Veux-tu que je te prenne et que je te touche?

PHILOKTÈTÈS

Non, ne fais pas cela; mais prends mon arc, comme tu m'en priais tout à l'heure et jusqu'à ce que la douleur présente se soit apaisée, aies en soin et garde-le. Car le sommeil s'empare de moi, aussitôt que le mal a cessé; jusque-là, nul répit; mais alors il faut me laisser dormir en paix. Si pendant ce temps ils surviennent, au nom des dieux, je t'en supplie, ne leur laisse prendre ces armes, ni de gré, ni de force, ni par la ruse : tu nous ferais périr tous deux, toi et moi, ton suppliant.

NÉOPTOLÉMOS

Confie-toi à ma prudence. L'arc ne sera donné à personne qu'à toi ou moi : remets-moi l'arc et que la fortune nous soit bonne.

PHILOKTÈTÈS

Le voilà, prends-le, enfant : mais apaise l'Envie pour qu'il ne te cause aucun malheur et qu'il ne te soit pas aussi funeste qu'à moi et à Héraklès qui le possédait auparavant.

NÉOPTOLÉMOS

O dieux, qu'il en soit ainsi et qu'un vent favorable et prompt nous porte où le dieu l'a jugé bon et où se dirige notre course.

PHILOKTÈTÈS

Mais je crains, ô enfant, que ma prière ne soit vaine. Le sang rouge coule et jaillit de ma blessure profonde et j'attends des souffrances nouvelles. Ah! ah! ah! ah!

Ah! pied, que tu me causeras de maux!

Il rampe, il s'approche. Hélas! malheureux! Vous voyez mon état, ne vous enfuyez pas. Ah! ah! ah! ah!

O étranger képhallénien, plût aux dieux que cette souffrance rongeât ta poitrine d'outre en outre. Hélas! hélas encore! O chefs de l'armée, Agamemnôn, Ménélaos, si vous pouviez à ma place, pendant aussi longtemps, nourrir une telle douleur. Hélas de moi!

O mort, mort, comment, appelée ainsi tous les jours, ne peux-tu venir jamais? O fils, fils généreux, prends-moi, brûle-moi avec cet illustre feu de Lemnos, ô généreux! Moi aussi, jadis, j'ai fait cela pour le fils de Zeus, en échange de ces armes que tu tiens maintenant. Dis-tu oui ou non? Que dis-tu? Tu te tais? Où est ta pensée?

NÉOPTOLÉMOS

Dès longtemps je souffre et je gémis des maux qui t'accablent.

PHILOKTÈTÈS

Aie confiance aussi, ô fils ! Mon mal est violent, mais part vite. Mais je t'en supplie, ne me laisse pas seul.

NÉOPTOLÉMOS

Aie confiance : nous resterons.

PHILOKTÈTÈS

Tu resteras ?

NÉOPTOLÉMOS

Sois-en certain.

PHILOKTÈTÈS

Je ne veux pas, fils, te lier par un serment.

NÉOPTOLÉMOS

Non, car il ne m'est pas permis de partir sans toi.

PHILOKTÈTÈS

Donne-moi ta main comme gage.

NÉOPTOLÉMOS

Prends-la ; je resterai.

PHILOKTÈTÈS

Là maintenant, là...

NÉOPTOLÉMOS

Où dis-tu ?

PHILOKTÈTÈS

En haut.

NÉOPTOLÉMOS

Délires-tu ? pourquoi regardes-tu la voûte du ciel

PHILOKTÈTÈS

Laisse, laisse-moi.

NÉOPTOLÉMOS

Où te laisser ?

PHILOKTÈTÈS

Me laisseras-tu !

NÉOPTOLÉMOS

Je ne veux pas te quitter.

PHILOKTÈTÈS

Tu me fais mourir si tu me touches.

NÉOPTOLÉMOS

Je te laisse donc, si tu es un peu plus sage.

PHILOKTÈTÈS

O terre, reçois tout de suite le moribond que je suis! la douleur ne me permet pas de me tenir debout.

NÉOPTOLÉMOS

Le sommeil prendra bientôt l'homme; car voilà sa tête qui se renverse; la sueur ruisselle sur tout son corps et une veine noire d'où jaillit le sang s'est rompue à l'extrémité de son pied. Amis, laissons-le tranquille pour qu'il s'abandonne au sommeil.

LE CHŒUR

STROPHE

Sommeil qui ignores la douleur, sommeil qui ignores les tourments, prince à la douce haleine, souffle vers nous, toi qui amènes, toi qui amènes le bonheur. Conserve sur ces yeux la sérénité qui y est répandue maintenant. Viens, viens, ô guérisseur.

« O fils, vois où tu resteras, où tu iras et à quoi dans la suite il me faudra veiller. Tu le vois. Pourquoi tarder à agir? L'occasion, la meilleure des conseillères, remporte une belle et prompte victoire.

NÉOPTOLÉMOS

Il n'entend rien et je ne vois pas à quoi bon prendre l'inutile proie de son arc si nous mettons à la voile sans lui. C'est à lui qu'est réservée la couronne; c'est lui que le dieu a dit d'emmener. Se vanter d'une œuvre imparfaite et accomplie à l'aide du mensonge, honteux opprobre!

LE CHŒUR

ANTISTROPHE

Enfant, le dieu y pourvoira. Mais ce que tu peux me confier encore, dis-le-moi, à voix basse, enfant, à voix basse. Le sommeil des malades n'est pas le sommeil, il a les yeux toujours ouverts; il voit tout. Mais le plus profondément que tu le pourras, réfléchis, réfléchis en silence à ce que tu vas faire. Tu sais de quoi je parle et, si tu penses ainsi, les hommes sages peuvent prévoir d'inextricables difficultés.

Le vent est favorable, enfant, favorable. L'homme sans yeux, sans défense est plongé dans la nuit, — le sommeil de midi est profond, — il n'est maître ni de ses mains, ni de ses pieds, ni de rien. Il voit comme un mort gisant chez Hadès. Considère si tes paroles sont opportunes. Pour ce que notre pensée peut saisir, l'entreprise sans danger est la meilleure.

NÉOPTOLÉMOS

Je t'ordonne de te taire et de ne pas divaguer. L'homme remue l'œil et lève la tête.

PHILOKTÈTÈS

O lumière qui succèdes au sommeil! Garde fidèle et inespérée de ces étrangers! Jamais, ô enfant! je n'aurais pensé que tu pusses supporter avec tant de compassion d'endurer le spectacle de mes maux et de rester pour me venir en aide. Les Atrides n'auraient pas eu pareil courage, ces excellents chefs d'armée! C'est que ta nature, enfant, est généreuse et vient de parents généreux; aussi tu as considéré tout comme facile à supporter, bien qu'accablé par mes cris et par l'odeur infecte de ma plaie. Maintenant que voici, semble-t-il, comme un oubli et une rémission de mon mal, prends-moi, fils, fais-moi lever, fils, et quand la fatigue m'aura quitté, allons à ton navire et ne remettons pas le départ.

NÉOPTOLÉMOS

J'ai de la joie à te voir, contre toute espérance, libre de douleur, ouvrir les yeux et respirer encore. Les signes qui accompagnaient ton mal semblaient annoncer la mort. Maintenant, lève-toi, ou, si tu l'aimes mieux, ces hommes te porteront; ils se donneront volontiers cette peine si toi et moi l'estimons à propos.

PHILOKTÈTÈS

J'y consens, ô enfant! fais-moi lever, comme tu en as la pensée. Mais laisse ceux-ci pour qu'ils ne soient pas incommodés par la mauvaise odeur avant le temps nécessaire. La peine sera assez grande pour eux de m'avoir comme compagnon sur le navire.

NÉOPTOLÉMOS

Soit. Mais lève-toi et soutiens-toi toi-même, avec mon aide.

PHILOKTÈTÈS

Sois sans crainte : l'habitude que j'en ai me mettra debout.

NÉOPTOLÉMOS

Ah! ah! que puis-je faire après cela?

PHILOKTÈTÈS

Qu'y a-t-il, enfant? En quelles paroles t'égares-tu?

NÉOPTOLÉMOS

Je ne sais comment tourner cet aveu difficile.

PHILOKTÈTÈS

Tu es embarrassé? Ne prononce pas le mot d'embarras.

NÉOPTOLÉMOS

Mais j'en suis venu à ce moment douloureux.

PHILOKTÈTÈS

Quoi? la peine que peut causer mon mal t'aurait-elle persuadé de ne plus me prendre à ton bord?

NÉOPTOLÉMOS

Tout est peine quand on renie sa propre nature et sa naissance pour des actes à quoi elle répugne.

PHILOKTÈTÈS

Mais tu ne fais rien, tu ne dis rien de contraire à la conduite paternelle, en venant en aide à un homme de bien.

NÉOPTOLÉMOS

Je paraîtrai méprisable; c'est là ce qui m'afflige.

PHILOKTÈTÈS

Non par tes actes, mais, je le crains, par tes paroles.

NÉOPTOLÉMOS

O Zeus, que faire? Commettrai-je une seconde faute en lui cachant ce que je devrais dire et en lui disant les plus infâmes des paroles?

PHILOKTÈTÈS

Cet homme, si je n'ai pas naturellement le jugement faux, semble devoir mettre à la voile en me trahissant et en m'abandonnant.

NÉOPTOLÉMOS

Je ne t'abandonnerai pas en partant; mais plutôt j'ai peur depuis longtemps de t'affliger en t'emmenant.

PHILOKTÈTÈS

Que dis-tu, fils? Je ne comprends pas.

NÉOPTOLÉMOS

Je ne te cacherai rien : il faut que tu navigues vers Troia, vers les Akhéens et l'armée des Atrides.

PHILOKTÈTÈS

Malheur à moi! qu'as-tu dit?

NÉOPTOLÉMOS

Ne gémis pas, avant de savoir.

PHILOKTÈTÈS

Savoir quoi? Que veux-tu me faire?

NÉOPTOLÉMOS

D'abord te libérer de ton mal, puis avec toi ravager les plaines de Troia où nous irons.

PHILOKTÈTÈS

Et tu veux réellement faire cela?

NÉOPTOLÉMOS

La nécessité plus forte que moi l'exige; mais ne t'irrite pas de mes paroles.

PHILOKTÈTÈS

Je suis perdu, ô malheureux! je suis trahi. Que m'as-tu fait, ô étranger? Rends-moi mes armes tout de suite.

NÉOPTOLÉMOS

Non, je ne puis. Le devoir et l'intérêt m'obligent à obéir à ceux qui commandent.

PHILOKTETÈS

PHILOKTÈTÈS

O toi! ô feu! ô toute horreur! exécrable artisan d'odieux méfaits! Que m'as-tu fait et comme tu m'as trompé! et tu ne rougis pas en me regardant, ô misérable! moi, le suppliant, qui me tournais vers toi. C'est m'enlever la vie que de prendre mon arc. Rends-le-moi, je t'en prie, rends-le-moi, je te conjure. Au nom des dieux de la patrie, ne m'enlève pas la vie. Hélas! malheureux que je suis! Mais il ne me répond plus et, comme décidé à ne pas le rendre, il détourne ses regards. O ports, ô promontoires, ô bêtes fauves avec qui je vivais, ô roches escarpées, c'est à vous, — car je n'ai que vous à qui parler, — à vous que je me plains, comme à des témoins accoutumés à m'entendre : voilà ce que m'a fait le fils d'Akhilleus. Il a juré de me ramener chez moi et il m'entraîne à Troia ; il m'a tendu sa main droite et il garde, les ayant reçues de moi, les flèches sacrées de Héraklès, fils de Zeus, et veut en faire montre aux Argiens. Il m'emmène de force, comme s'il avait pris un homme vigoureux ; et il ne sait pas qu'il tue un mort, l'ombre d'une fumée, une vaine image. Quand j'étais fort, il ne m'aurait pas pris ; et maintenant encore, tel que je suis, il n'a pu le faire que par la ruse. J'ai été trompé dans ma mauvaise fortune. Que faut-il faire? Rends-le-moi ; maintenant du moins, agis selon ton caractère. Que dis-tu? tu te tais? je ne suis plus rien, ô infortuné. O forme du rocher à deux portes, je retournerai vers toi dépouillé de mes armes. privé de nourriture. Et je me dessécherai, seul, dans cet antre, sans pouvoir tuer désormais avec ces flèches ni les oiseaux ailés, ni les bêtes montagnardes; mais à mon tour, malheureux, je nourrirai par ma mort les animaux dont je me nourrissais et les bêtes que je poursuivais me poursuivront désormais, et ma mort expiatoire paiera leur mort, ô malheureux, par la faute de cet homme qui semblait ignorer toute malfaisance. Je ne souhaite pas encore que tu meures, avant de savoir si tu ne changeras pas de sentiment; sinon puisses-tu périr misérablement.

LE CHŒUR

Que ferons-nous? Il dépend de toi, ô prince, que nous mettions à la voile ou que nous cédions à ses paroles.

NÉOPTOLÉMOS

Une grande compassion m'a pris à l'égard de cet homme et pas de maintenant seulement, mais depuis longtemps.

PHILOKTÈTÈS

Aie pitié, par les dieux, ne te laisse pas déshonorer aux yeux des hommes pour m'avoir trompé.

NÉOPTOLÉMOS

Hélas! que faire? Puissé-je n'avoir jamais quitté Skyros, tant je souffre de ce qui se passe!

PHILOKTÈTÈS

Non, toi, tu n'es pas méchant; mais ce sont, je crois, des hommes mauvais qui t'ont enseigné le crime. Donne aux autres ce qui leur revient et pars sur ton navire, mais du moins rends-moi mes armes.

NÉOPTOLÉMOS

Hommes, que ferons-nous?

ODYSSEUS

O le pire des hommes, que fais-tu? Ne vas-tu pas me donner cet arc et revenir?

NÉOPTOLÉMOS

Hélas! quel est cet homme? Est-ce Odysseus que j'entends?

ODYSSEUS

Odysseus, sache-le, moi que tu vois.

PHILOKTÈTÈS

Hélas! je suis livré, je suis perdu. C'était donc lui qui m'a surpris et qui m'a spolié de mes armes?

ODYSSEUS

Moi, sache-le, point un autre; j'en suis d'accord.

PHILOKTÈTÈS

Rends-moi, enfant, remets-moi mes flèches.

ODYSSEUS

Pour cela, le voulût-il, il ne le fera pas. Mais il faut encore que tu viennes avec elles ou on t'emportera de force.

PHILOKTÈTÈS

Moi, ô le pire et le plus audacieux des scélérats, ils m'emmèneront de force?

ODYSSEUS

A moins que tu ne viennes de bonne volonté.

PHILOKTÈTÈS

O terre lemnienne! Feu tout-puissant ouvré par Héphaistos, ce sera un intolérable crime s'il m'emmène loin de toi par la violence.

ODYSSEUS

C'est Zeus, pour que tu le saches, Zeus, maître de cette terre, Zeus qui en a décidé ainsi et je ne fais que lui obéir.

PHILOKTÈTÈS

O haine! quels mensonges inventes-tu encore; quand tu allègues les dieux, tu les fais mentir.

ODYSSEUS

Non, mais je rends leurs paroles véridiques. Il te faudra faire ce voyage.

PHILOKTÈTÈS

Je ne le ferai point.

ODYSSEUS

Tu le feras; tu dois m'obéir.

PHILOKTÈTÈS

Hélas! malheureux! mon père m'a-t-il engendré pour vivre en esclave et non en homme libre?

ODYSSEUS

En égal des meilleurs, avec qui tu dois prendre Troia et la renverser par la force.

PHILOKTÈTÈS

Jamais! quand bien même il me faudrait souffrir toutes les douleurs, tant que j'aurai sous les pieds cette terre ardue.

ODYSSEUS

Que peux-tu faire?

PHILOKTÈTÈS

Ensanglanter aussitôt contre le rocher ma tête que voici en me laissant tomber du haut de cette roche.

ODYSSEUS

Saisissez-le ; ne lui laissez pas faire ce qu'il dit.

PHILOKTÈTÈS

O mains, quels affronts vous souffrez, privées de l'arc chéri, captives de cet homme. Toi qui n'as dans l'âme nulle pensée saine et généreuse, comme tu m'as encore trompé, comme tu m'as pris au piège, en te cachant derrière cet homme inconnu de moi, si différent de toi, si semblable à moi-même ; il ne savait qu'obéir et montre maintenant qu'il est indigné de la faute qu'il a commise et du mal qu'il m'a causé. Mais ton âme mauvaise, toujours tapie aux aguets, lui a bien enseigné contre sa nature et sa volonté à être habile dans le mal. Maintenant, misérable, tu veux m'enchaîner et m'emmener loin de ce rivage où tu m'as jeté sans ami, abandonné, loin de ma patrie, mort parmi les vivants. Hélas! Puisses-tu mourir! Je te l'ai souvent souhaité dans mes prières : mais jamais les dieux ne me donnent aucune joie en partage. Tu vis triomphant et moi je gémis de vivre, misérable, en compagnie de maux sans nombre, en dérision à toi-même et aux deux stratèges, fils d'Atreus, dont tu te fais ici le serviteur. Toi cependant, c'est contraint par la ruse et la nécessité que tu es venu avec eux tandis que moi qui, volontaire marin, les avais accompagnés sur la mer avec quatre vaisseaux, ils m'ont indignement rejeté, selon toi, alors qu'eux t'accusent du même crime. Et maintenant pourquoi m'emmenez-vous? pourquoi m'arrachez-vous d'ici? Pour quel motif? Je ne suis rien; depuis longtemps, je suis mort pour vous. Comment, homme très détesté des dieux, ai-je cessé d'être pour toi boiteux et empesté? Comment pourrez-vous vous flatter, si vous m'emmenez, d'enflammer des sacrifices pour les dieux? Comment encore faire des libations? C'était là le prétexte que tu donnais à mon exil. Puissiez-vous périr de malemort! Et vous périrez pour avoir été injustes envers l'homme que voici, si les dieux ont souci de la justice. Et je sais qu'ils en ont souci. Jamais sans cela vous n'auriez fait cette expédition pour un malheureux, si, comme un aiguillon divin, le besoin que vous avez de moi ne vous y avait poussés. Mais, ô terre de la patrie, ô dieux qui voyez tout, punissez-les, punissez-les tous enfin, si vous avez quelque pitié pour moi. Car ma vie est pitoyable; mais si je les voyais anéantis, je croirais avoir échappé à mon mal.

LE CHOEUR

L'étranger est irrité, ô Odysseus, et il a prononcé des paroles de colère qui ne cèdent pas au malheur.

ODYSSEUS

J'aurais beaucoup de choses à dire en réponse à ces paroles, si j'en avais le temps. Mais un mot suffit. Quand on a besoin d'un homme rusé, je suis cet homme. Quand il faut le concours d'hommes justes et bons, je ne le cède à personne en piété. Je suis né avec le désir de l'emporter toujours, sauf sur toi ; et je vais maintenant te céder volontiers. Détachez-le ; ne le touchez plus ; laissez-le rester. Nous n'avons pas besoin de toi puisque nous avons tes armes et que Teukros est près de nous, habile à les manier ; et que j'y suis, moi qui me crois capable d'en user aussi bien que toi et de les diriger de ma main. Qu'est-il donc besoin de toi ? Adieu, foule la terre de Lemnos. Nous, partons. Et peut-être ces armes glorieuses me vaudront-elles l'honneur que les destins t'assuraient.

PHILOKTÈTÈS

Hélas ! que ferai-je, infortuné ! Tu te montreras parmi les Argiens paré de mes armes ?

ODYSSEUS

Ne me réponds plus rien ; je suis déjà parti.

PHILOKTÈTÈS

O race d'Akhilleus, n'entendrai-je plus le son de ta voix et partiras-tu comme cela ?

ODYSSEUS

Viens, Néoptolémos. Ne le regarde plus, malgré ta générosité ; tu perdrais notre fortune.

PHILOKTÈTÈS
Et par vous aussi, ô étrangers, je serai laissé seul ainsi et vous n'aurez pas pitié de moi?

LE CHOEUR
Ce jeune homme est le chef sur notre vaisseau. Tout ce qu'il pourra te dire, nous te le disons, nous aussi.

NÉOPTOLÉMOS
Odysseus dira de moi que je suis plein de compassion; demeurez cependant, s'il le désire, jusqu'à ce que les marins aient chargé sur le navire ce qu'ils avaient mis à terre et que nous ayons prié les dieux. Peut-être prendra-t-il pendant ce temps une résolution meilleure pour nous. Maintenant nous partons et vous quand nous appellerons, partez aussitôt.

PHILOKTÈTÈS
STROPHE I

O cavité de l'antre tour à tour ardente et glacée, je ne devais donc, ô malheureux, te quitter jamais et tu seras témoin de ma mort. Hélas ! hélas ! O demeure pleine de mon tourment, demeure malheureuse, comment maintenant assurer ma vie de chaque jour ? Où trouver, infortuné, une espérance qui me fasse vivre ? Si les oiseaux rapaces venaient pour m'enlever à travers le ciel, parmi les sifflements du vent, je ne pourrais plus me défendre.

LE CHOEUR
Tu l'as voulu certes, homme au lourd destin, ton sort

ne vient pas d'ailleurs ni d'une force plus grande que toi. Au lieu d'être sage quand il en était temps, tu as préféré le pire destin au meilleur.

PHILOKTÈTÈS

ANTISTROPHE I

O malheureux, malheureux que je suis et insulté par la souffrance. Je périrai maintenant, loin de tous les hommes désormais, infortuné ah! ah! ah! ah! sans trouver de nourriture, sans en gagner avec mes armes ailées à l'aide de mes mains puissantes. Mais ces paroles obscures et cachées d'un homme trompeur ont pénétré en moi. Puissè-je le voir, l'auteur de ces machinations, atteint de mes souffrances aussi longtemps que moi.

LE CHŒUR

Ton mal, ton mal vient des dieux et ce n'est pas la ruse qui t'a pris par ma main. Détourne sur d'autres le mauvais augure de ton exécration funeste. Car j'ai souci que tu ne rejettes pas leur amitié.

PHILOKTÈTÈS

STROPHE II

Hélas! assis sur le blanc rivage de la mer, il me raille, il brandit dans sa main le soutien de ma vie misérable, que personne jamais n'a porté. O cher arc, enlevé par la violence à mes chères mains, ne me regardes-tu pas avec compassion si tu as quelque sentiment, moi l'ami de Héraklès qui ne t'emploierai plus désormais, arc qui as changé de maître et qui es aux mains d'un homme rusé, toi qui vois de honteuses fourberies et cet odieux et exécrable mortel faisant naître de ces ruses honteuses mille maux tels que personne n'en put imaginer encore d'aussi nombreux.

LE CHOEUR

Il appartient à un homme de dire à propos la vérité et, l'ayant dite, de ne pas déchaîner la jalouse douleur de sa langue. Celui-ci, seul entre beaucoup et pour obéir à leur ordre, a mené à bien une œuvre qui doit être utile à tous ses amis.

PHILOKTÈTÈS

O proies ailées, et vous races de bêtes aux yeux étincelants, qui habitez cette terre montagneuse, approchez-vous de moi désormais, hors de vos gîtes pour ne pas fuir aussitôt. Je ne tiens plus dans mes mains la force des flèches comme autrefois, infortuné que je suis maintenant. La place est mal défendue et vous n'avez plus à la craindre. Venez ; l'heure est bonne ; rassasiez de ma chair marbrée vos gueules meurtrières à leur tour. Je vais quitter la vie tout de suite. Comment la prolonger ? Qui donc jusqu'ici s'est nourri avec le vent, sans rien maîtriser de ce que fournit la terre qui donne la vie ?

LE CHOEUR

Par les dieux, si tu respectes un hôte qui est venu vers toi avec toute bienveillance, approche-toi. Mais sache, sache bien que tu peux échapper à ce mal terrible ; car il est déplorable pour qui le nourrit et son compagnon n'en peut supporter les mille tourments.

PHILOKTÈTÈS

Encore, encore, tu me rappelles mon ancienne souffrance, ô toi, le meilleur de ceux qui vinrent jusqu'ici auparavant. Pourquoi veux-tu me tuer, que m'as-tu fait ?

LE CHOEUR

Que dis-tu ?

PHILOKTÈTÈS

Oui, tu me tues si tu espères m'emmener sur l'odieuse terre de Troade.

LE CHOEUR

C'est à mon sens le plus sage.

PHILOKTÈTÈS

Eh bien! laissez-moi.

LE CHOEUR

Ton invitation me plaît; je m'y conformerai volontiers. Allons, allons à la place du navire qui nous est assignée.

PHILOKTÈTÈS

Ne t'en va pas par Zeus qui accomplit les exécrations ! Je t'en supplie!

LE CHOEUR

Modère-toi.

PHILOKTÈTÈS

O étrangers, demeurez, au nom des dieux.

Hélas! hélas! Daimôn, daimôn! Je meurs, malheureux! O pied, pied! comment te supporter encore dans la vie, ô malheureux! Retournez sur vos pas, ô étrangers, revenez!

LE CHOEUR

Pourquoi faire? Attendrons-nous de toi d'autres volontés que tout à l'heure?

PHILOKTÈTÈS

On ne peut même pas faire un reproche de parler contre la raison à celui qui est emporté par la tempête de la douleur.

LE CHOEUR

Alors, ô malheureux, viens comme nous te le demandons.

PHILOKTÈTÈS

Jamais, jamais. Sache-le fermement, pas même si le Porte-feu fulgurant venait m'incendier avec les rayons de la foudre. Périsse Ilios et tous ceux qui sont sous ses murs et tous ceux qui ont eu la force de me chasser à cause de mon pied. Mais, ô étrangers, accordez-moi au moins une prière.

LE CHOEUR

Que veux-tu dire?

PHILOKTÈTÈS

Une épée, si vous en avez une, une hache, une arme, donnez-la-moi.

LE CHOEUR

Qu'en veux-tu faire ?

PHILOKTÈTÈS

Me couper la tête et les membres, de cette main. Le meurtre, le meurtre, c'est ma pensée.

LE CHOEUR

Pourquoi ?

PHILOKTÈTÈS

Pour retrouver mon père.

LE CHOEUR

Où iras-tu ?

PHILOKTÈTÈS

Chez Hadès : car je ne le retrouverai plus à la lumière du jour. O ville, ô ville de mon père, comment te reverrai-je, moi le malheureux qui ai quitté la source sacrée, pour secourir les Danaens détestés ! Je ne suis plus rien.

LE CHOEUR

Voilà longtemps déjà que je m'en serais allé vers mon vaisseau, si nous ne voyions s'approcher Odysseus et le fils d'Akhilleus qui viennent vers nous.

ODYSSEUS

Tu ne pourrais pas me dire pourquoi tu reviens ainsi sur tes pas et tu suis une telle route en tant de hâte ?

NÉOPTOLÉMOS

Je veux détruire l'œuvre mauvaise que j'ai faite auparavant.

ODYSSEUS

Tu prononces des paroles étranges. Quel mal as-tu fait ?

NÉOPTOLÉMOS

Je t'ai obéi et à toute l'armée.

ODYSSEUS

Quelle œuvre donc as-tu accomplie qui soit indigne de toi ?

NÉOPTOLÉMOS

J'ai pris un homme par des tromperies et des ruses honteuses.

ODYSSEUS

Quel homme ? Quoi ! méditerais-tu quelque résolution nouvelle ?

NÉOPTOLÉMOS

Aucune ; au fils de Pœas.....

ODYSSEUS

Que vas-tu faire ? Une crainte m'est venue.

NÉOPTOLÉMOS

A qui j'ai pris ces armes, je vais de nouveau...

ODYSSEUS

O Zeus ! que diras-tu ? tu ne songes pas à les rendre.

NÉOPTOLÉMOS

Je les ai prises et je les garde indignement et contre la justice.

ODYSSEUS

Au nom des dieux ! dis-tu cela par plaisanterie ?

NÉOPTOLÉMOS

Si c'est plaisanter que de dire la vérité.

ODYSSEUS

Que dis-tu, fils d'Akhilleus ? Quel mot as-tu prononcé ?

NÉOPTOLÉMOS

Veux-tu donc que je te répète mes paroles deux ou trois fois ?

ODYSSEUS

J'aurais voulu d'abord ne pas les avoir entendues, même une fois.

NÉOPTOLÉMOS

Sache donc bien que j'ai dit mon dernier mot.

ODYSSEUS

Il y a quelqu'un qui t'empêchera de le faire.

NÉOPTOLÉMOS

Pour un homme subtil, tu viens de dire une parole maladroite.

ODYSSEUS

Et toi tu ne dis et tu ne t'apprêterais à faire rien de sensé.

NÉOPTOLÉMOS

Un acte juste vaut mieux qu'un acte sensé.

ODYSSEUS

Où est la justice, si tu rends ces armes que tu as prises sur mes conseils ?

NÉOPTOLÉMOS

J'ai commis une faute honteuse ; je vais réparer ma faute.

ODYSSEUS

Et tu ne crains pas l'armée des Akhéens, si tu fais cela ?

NÉOPTOLÉMOS

La justice est avec moi ; je ne suis pas troublé par la crainte que tu dis.

ODYSSEUS

Peut être craindras-tu mon bras.

NÉOPTOLÉMOS

Ton bras même ne me persuade pas de faire ce que tu dis.

ODYSSEUS

Ce n'est donc plus les Troïens, mais toi que nous combattrons.

NÉOPTOLÉMOS

Que ce qui doit être soit.

ODYSSEUS

Tu vois ma main droite qui touche la garde de l'épée ?

NÉOPTOLÉMOS

Tu me verras faire de même et sans tarder.

ODYSSEUS

Eh bien ! je te laisserai ; j'irai redire cela à toute l'armée qui te châtiera.

NÉOPTOLÉMOS

Te voilà raisonnable, et si tu as toujours cette prudence, tu te sortiras sans doute de tous les mauvais pas. Et toi, ô fils de Pœas, Philoktètès, dis-je, viens, quitte ces demeures de pierre.

PHILOKTÈTÈS

Quel tumulte de cris s'élève encore près de l'antre ? Pourquoi m'appelez-vous ? Que voulez-vous, étrangers ? Hélas ! rien de bon. Venez-vous ajouter quelque mal terrible en surcroît de mes maux ?

NÉOPTOLÉMOS

Sois en paix ; écoute les paroles que j'apporte.

PHILOKTÈTÈS

J'ai peur ; auparavant ce sont de douces paroles qui m'ont perdu, quand je me suis laissé persuader par tes discours.

NÉOPTOLÉMOS

Mais n'est-il pas permis de se repentir ?

PHILOKTÈTÈS

Tes paroles étaient les mêmes quand tu m'as volé mes armes loyal en apparence, perfide en secret.

NÉOPTOLÉMOS

Je ne suis plus ainsi maintenant. Je veux savoir de toi si tu persistes à vouloir rester ou si tu consens à partir avec nous.

PHILOKTÈTÈS

Arrête, n'en dis pas plus. Toutes tes paroles seraient vaines.

NÉOPTOLÉMOS

Ta résolution est prise ?

PHILOKTÈTÈS

Plus encore que je ne pourrais le dire.

NÉOPTOLÉMOS

J'aurais voulu que tu te laissasses persuader par mes paroles; mais si elles te sont importunes, j'ai fini de parler.

PHILOKTÈTÈS

C'est bien; tu parlerais en vain. Car jamais je n'accorderai la bienveillance de mon cœur à celui qui m'a enlevé la vie par ses ruses, à toi qui m'as dépouillé. Et tu viens ensuite me donner des conseils, ô fils indigne d'un père irréprochable! Puissiez-vous périr, les Atrides d'abord, puis le fils de Laertès, et toi.

NÉOPTOLÉMOS

Cesse tes exécrations : reçois de ma main tes flèches.

PHILOKTÈTÈS

Qu'as-tu dit? Serai-je trompé une seconde fois?

NÉOPTOLÉMOS

Je jure par l'inviolable vénération de Zeus très haut.

PHILOKTÈTÈS

O très chères paroles, si tu dis vrai.

NÉOPTOLÉMOS

Je vais t'en donner une preuve éclatante. Mais tends-moi ta main droite et prends les armes qui sont tiennes.

ODYSSEUS

Et moi, je le défends, j'en atteste les dieux au nom des Atrides et de toute l'armée.

PHILOKTÈTÈS

Enfant, quelle voix ai-je entendue? Serait-ce celle d'Odysseus?

ODYSSEUS

La mienne, sache-le; et tu me vois, moi qui t'emmènerai par la force vers les plaines de Troia, que le fils d'Akhilleus le veuille ou ne le veuille pas.

PHILOKTÈTÈS

Mais tu ne le feras pas impunément, si cette flèche ne s'égare point.

NÉOPTOLÉMOS

Non, au nom des dieux, ne lance point cette flèche.

PHILOKTÈTÈS

Au nom des dieux, fils, laisse ma main.

NÉOPTOLÉMOS

Je ne la laisserai pas.

PHILOKTÈTÈS

Hélas! pourquoi m'empêches-tu de tuer avec mes flèches un ennemi détesté?

NÉOPTOLÉMOS

Ce ne serait glorieux ni pour toi ni pour moi.

PHILOKTÈTÈS

Sache au moins que ces chefs de l'armée argienne, ces hérauts de mensonge, sont lâches au combat et braves en paroles.

NÉOPTOLÉMOS

Soit. Mais tes armes te sont rendues et tu n'as plus à mon égard aucun motif de colère ou de blâme.

PHILOKTÈTÈS

J'en conviens. Tu as montré, fils, de quelle race tu as germé et que toi, tu n'avais pas Sisyphos pour père, mais Akhilleus, quand il vivait le plus illustre des vivants et maintenant, des morts.

NÉOPTOLÉMOS

J'aime t'entendre dire du bien de mon père et de moi. Mais écoute ce que je désire obtenir de toi. Les hommes doivent supporter les destinées que leur donnent les dieux, nécessairement; et pour ceux qui s'exposent au malheur par leur volonté, comme tu le fais, il n'est juste d'avoir ni indulgence ni pitié. Tu es forcené et tu refuses les conseils, et si quelqu'un te rappelle au calme, avec bienveillance, tu le hais et tu le tiens pour ennemi et mal intentionné.

Je parlerai cependant — j'invoque Zeus gardien des serments — et sache ceci et grave-le dans ton esprit. La maladie dont tu souffres est un coup des dieux: tu t'es approché du gardien de Khrysè, du serpent qui garde, surveillant invisible, l'enclos sacré à ciel ouvert. Tu ne trouveras pas le terme de ce mal pesant, sache-le, tant que le même soleil se lèvera ici et se couchera là, avant d'être venu, de ton plein gré, dans les plaines de Troia. Là, chez nous, tu trouveras les deux Asklêpiades qui te guériront, et avec ces flèches et avec moi tu seras le destructeur de la cidatelle. D'où je sais qu'il en est ainsi, je vais te le dire. Il y a parmi nous un captif de Troia, l'irréprochable devin Hélénos, qui explique clairement comment ces choses doivent advenir et il ajoute que Troia tout entière sera prise nécessairement dans ce même été où nous sommes: il consent à être tué si ses paroles sont mensongères. Maintenant que tu sais cela, viens avec nous de bon gré. Le profit est beau de venir, tenu pour le plus vaillant des Hellènes, vers des mains qui guérissent, puis de conquérir la gloire suprême, en prenant Troia qui a causé tant de gémissements.

PHILOKTÈTÈS

O vie odieuse, pourquoi, pourquoi me retiens-tu encore à la lumière et ne m'as-tu pas laissé descendre chez Hadès. Hélas, que ferai-je? Comment ne pas me rendre à ses paroles, à ses exhortations bienveillantes. Mais céderai-je donc ? Comment oserai-je, ô malheureux, après un tel acte, me montrer à la lumière et parler à qui que ce soit. Comment, ô mes yeux qui avez tout vu, tolérerez-vous que je vive avec ces fils d'Atreus qui m'ont perdu, avec le pernicieux fils de Laertès. Ce n'est pas la douleur du passé qui me mord ; mais il me semble prévoir tout ce qu'il me faudra encore souffrir d'eux. Ceux dont l'âme a une fois enfanté le mal sont instruits par elle à le faire toujours. Et je m'étonne de ta conduite, à toi : tu ne devrais pas aller à Troia, mais m'en éloigner aussi. Car ils t'ont fait injure en t'enlevant le prix du courage paternel ; et après cela tu combattras à leur côté et tu m'obliges à faire de même. Non, fils ; mais, comme tu me l'as promis, envoie-moi vers mes demeures ; toi-même reste à Skyros et laisse les méchants périr de malemort. Je t'en serai doublement reconnaissant et ton père aussi ; et de ne pas venir au secours des méchants, tu ne sembleras pas être né leur pareil.

NÉOPTOLÉMOS

Tu ne dis rien que de naturel. Je veux cependant que tu te fies aux dieux et à mes paroles et qu'avec l'ami que voici tu t'éloignes de cette terre.

PHILOKTÈTÈS

Pour aller vers les plaines de Troia et l'exécrable fils d'Atreus avec ce pied malheureux ?

NÉOPTOLÉMOS

Oui ; vers ceux qui feront cesser les douleurs de ce pied purulent et te sauveront de la maladie.

PHILOKTÈTÈS

O conseiller de monstrueux conseils, que dis-tu ?

NÉOPTOLÉMOS

Ce que je crois le meilleur pour toi et pour moi, une fois accompli.

PHILOKTÈTÈS

Et tu dis cela sans rougir devant les dieux.

NÉOPTOLÉMOS

Pourquoi rougirait-on d'obtenir un tel avantage ?

PHILOKTÈTÈS

Avantage pour les Atrides ou pour moi ?

NÉOPTOLÉMOS

Il me semble que je suis ton ami et que mes paroles sont d'un ami.

PHILOKTÈTÈS

Quoi ! toi qui veux me livrer à mes ennemis.

NÉOPTOLÉMOS

Apprends de tes malheurs à te montrer moins fier.

PHILOKTÈTÈS

Tu me perdras, je le devine, par de telles paroles.

NÉOPTOLÉMOS

Nullement : mais je dis que tu ne me comprends pas.

PHILOKTÈTÈS

Je ne sais pas alors que les Atrides m'ont chassé?

NÉOPTOLÉMOS

Ils t'ont chassé; mais vois si maintenant tu veux par contre qu'ils te sauvent.

PHILOKTÈTÈS

Jamais toutefois avec mon consentement, ou condition de voir Troia.

NÉOPTOLÉMOS

Que ferons-nous donc, si nulle de nos paroles ne peut te persuader. Il m'est très aisé de me taire et à toi de vivre comme tu vis déjà, sans guérison.

PHILOKTÈTÈS

Laisse-moi souffrir ce qu'il faut que je souffre. Mais ce que tu m'as promis, en touchant ma main droite, de m'envoyer dans mes demeures, fais-le, fils; ne tarde pas, ne parle plus de Troia: j'ai assez pleuré et gémi à cause d'elle.

NÉOPTOLÉMOS

Si tu le veux. Allons.

PHILOKTÈTÈS

O la généreuse parole que tu dis.

NÉOPTOLÉMOS

Appuie-toi sur moi pour marcher.

PHILOKTÈTÈS

Autant que je puis.

NÉOPTOLÉMOS

Comment échapper aux accusations des Achéens?

PHILOKTÈTÈS

Ne t'en soucie pas.

NÉOPTOLÉMOS

Et que ferai-je, s'ils viennent ravager mon pays?

PHILOKTÈTÈS

Je serai là.

NÉOPTOLÉMOS

Quelle aide m'apporteras-tu?

PHILOKTÈTÈS

Avec les flèches de Héraklès...

NÉOPTOLÉMOS

Que dis-tu?

PHILOKTÈTÈS

Je les empêcherai d'approcher.

NÉOPTOLÉMOS

Baise la terre en l'adorant et viens.

HÉRAKLÈS

Pas encore, pas avant du moins que tu n'ecoutes mes paroles, fils de Pœas; et sache que ton oreille entend la voix de Héraklès et que je suis venu, quittant pour toi les demeures célestes, te dire les volontés de Zeus et empêcher le voyage que tu prépares. Écoute donc mes paroles. Et d'abord je te dirai ma propre fortune et quels labeurs j'ai subis et traversés pour atteindre le prix immortel de mon courage, comme tu me vois. Pour toi, sache-le clairement, la récompense due aussi à la douleur, c'est de rendre illustre ta vie au sortir des maux présents. Aussitôt venu avec cet homme près de la ville troïque, tu seras délivré de la maladie funeste et reconnu le plus valeureux de l'armée. Pâris, qui fut la cause de ces maux, tu le priveras de la vie avec mes flèches et tu renverseras Troia et les dépouilles que l'armée te donnera comme prix de ton courage, tu les enverras dans ta maison à ton père Pœas, vers la plaine pierreuse de l'Œta. Mais ta part de butin, viens la consacrer sur la place de mon bûcher, en reconnaissance de mes flèches. Toi, fils d'Akhilleus, reçois aussi mon avertissement : tu ne peux sans celui-ci prendre la plaine de Troia, ni lui sans toi. Comme deux lions nourris ensemble, défendez-vous l'un l'autre. J'enverrai à Ilios Asklèpios qui mettra fin à ta maladie. C'est la seconde fois, son destin le veut, que cette ville sera prise par mes flèches. Mais souvenez-vous, quand vous dévasterez cette terre, de respecter les dieux : tout le reste ne vient qu'après, au regard de Zeus père : car la piété suit les hommes au tombeau; qu'ils soient vivants ou morts, elle ne périt point.

PHILOKTÈTÈS

O voix désirée que tu me fais entendre, toi qui apparais après bien longtemps, je ne désobéirai pas à tes paroles.

NÉOPTOLÉMOS

Et moi je prends la résolution que tu veux.

HÉRAKLÈS

Ne tardez plus à agir maintenant; ne différez pas. L'heure favorable vous y engage et le vent qui souffle à la poupe.

PHILOKTÈTÈS

Allons et qu'en partant je salue cette terre. Adieu, ô demeure protectrice, Nymphes des eaux et des prairies, bruit mâle de la mer qui se rue, par qui souvent ma tête reposant dans l'antre fut mouillée aux assauts du Notos, et toi qui souvent aussi m'as renvoyé le gémissement repercuté de ma voix, montagne Herméenne, quand j'étais secoué par la tempête de la douleur. Maintenant, source, eau d'Apollôn Lykien, nous vous laissons, voilà que nous vous laissons, nous qui ne nous étions jamais aventurés à une telle pensée. Adieu, ô plaine de Lemnos entourée par la mer, laisse-moi aller sans dommage avec une heureuse navigation où m'emporte la grande Moira, le conseil de mes amis et le daimôn, maître de tout, qui en a décidé ainsi.

LE CHOEUR

Partons tous ensemble après avoir prié les Nymphes marines de venir, protectrices du retour.

EUGÈNE FASQUELLE, ÉDITEUR, 11, RUE DE GRENELLE

CHOIX DE PIÈCES

AJALBERT (Jean). **La Fille Élisa.** Pièce en 3 actes.................. 2 fr.
ALEXIS (Paul). **Celle qu'on n'épouse pas.** Comédie en 1 acte, en prose. 1 fr.
— **La Fin de Lucie Pellegrin.** Comédie en 1 acte................ 1 fr.
ALEXIS (P.) et METENIER (O.). **Monsieur Betsy.** Comédie en 3 actes, en prose... 2 fr. 50
— **Les Frères Zemganno.** Comédie en 3 actes, en prose, tirée du roman d'Edmond de Goncourt....................................... 2 fr. 50
ARNAULT (A.) **Le Danger.** Comédie en 3 actes................. 2 fr. 50
BANVILLE (Théodore de). **Riquet à la Houppe.** Comédie féerique. 2 fr. 50
— **Le Baiser.** Comédie en 1 acte, dessin de G. Rochegrosse........ 1 fr. 50
— **Ésope.** Comédie en 3 actes, avec un dessin de G. Rochegrosse.... 2 fr.
BERGERAT. **Le Capitaine Fracasse.** Comédie héroïque en 5 actes et un prologue en vers... 2 fr. 50
BUSNACH (W.) et ARNOULD (Arthur). **Zoé Chien-Chien.** Drame en 8 tableaux... 2 fr. 50
BUSNACH (W.) et GASTINEAU. **L'Assommoir.** Drame en 5 actes et 9 tableaux, tiré du roman et avec une préface d'Émile Zola et un dessin de G. Clairin. 2 fr. 50
COURTELINE (Georges). **Boubouroche.** Pièce en 2 actes, en prose. 1 fr.
A. DAUDET et P. ELZEAR. **Le Nabab.** Pièce en 7 tableaux........ 2 fr. 50
A. DAUDET et A. BELOT. **Sapho.** Pièce en 5 actes.............. 2 fr.
FLAUBERT (Gustave). **Le Candidat.** Comédie en 4 actes........ 2 fr.
GONCOURT (Ed. de). **A bas le Progrès.** Bouffonnerie satirique en 1 acte. 1 fr.
GONCOURT (Edmond et Jules de). **Henriette Maréchal.** Drame en 3 actes, en prose.. 2 fr. 50
— **La Patrie en danger.** Drame en 3 actes...................... 2 fr. 50
— **Germinie Lacerteux.** Pièce en 10 tableaux................... 2 fr. 50
HARAUCOURT (Edm.). **Shylock.** Pièce en 5 actes, en vers........ 2 fr. 50
— **La Passion.** Mystère en 2 chants et 6 parties, en vers........ 2 fr. 50
— **Héro et Léandre.** Poème dramatique en 3 actes............ 1 fr. 50
HAUPTMANN (G.). **Les Tisserands.** Drame en 5 actes, en prose. 2 fr.
MENDÈS (Catulle). **La Femme de Tabarin.** Tragi-parade en 1 acte. 1 fr. 50
— **Le Docteur Blanc.** Mimodrame fantastique, musique de Gabriel Pierné, dessins de L. Métivet... 5 fr.
MENDÈS (Cat.) et COURTELINE (Georges). **Les Joyeuses Commères de Paris.** Fantaisie en 5 actes.................................. 2 fr.
MÉTÉNIER (Oscar) et LORRAIN (Jean). **Très Russe.** Pièce en 3 actes. 2 fr.
NOEL (Edouard). **Deidamie.** Opéra en 2 actes, mus. de Henri Maréchal. 1 fr.
— **Attendez-moi sous l'orgue.** Comédie en 1 acte, en vers, illustrations de Léon Dufour.. 1 fr.
PERRIN (Jules) et COUTURIER (Claude). **Les Fenêtres.** Pièce en 3 scènes, en prose.. 2 fr.
RAYMOND (Charles). **Don Carlos.** Drame en 5 actes et 11 tableaux, d'après Schiller... 2 fr. 50
RICHEPIN (Jean). **Nana-Sahib.** Drame en vers, en 7 tabl. Édit. in-8.... 4 fr.
Édition in-12... 2 fr.
— **Le Flibustier.** Comédie en vers, en 3 actes. Édition in-8......... 4 fr.
Édition in-12... 2 fr.
— **Monsieur Scapin.** Comédie en vers, en 3 actes. Édition in-8..... 4 fr.
Édition in-12... 2 fr.
— **Par le Glaive.** Édition in-8° : 4 fr.; édition in-12............. 2 fr.
— **La Glu.** Drame en 5 actes et 6 tableaux. Édition in-8.......... 4 fr.
— — Édition in-12.................. 2 fr.
SCHOLL (Aurélien). **L'Amant de sa Femme.** Comédie en 1 acte... 1 fr.
THEURIET (André). **Raymonde.** Pièce en 3 actes................ 2 fr. 50
VAUCAIRE (Maurice). **Valet de Cœur.** Comédie en 3 actes, en prose. 2 fr.
— **Le Poète et le Financier.** Comédie en 1 acte, en vers........ 1 fr.
ZOLA (Emile). **Thérèse Raquin.** Drame en 4 actes............... 2 fr.
— **Les Héritiers Rabourdin.** Comédie en 3 actes, avec préface..... 2 fr.
— **Renée.** Pièce en 5 actes, avec préface........................ 2 fr. 50
ZOLA (E.) et GALLET (Louis). **Le Rêve.** Drame lyrique en 4 actes et 8 tableaux... 1 fr.
— **L'Attaque du Moulin.** Drame lyrique en 4 actes............. 1 fr.

L.-Imprimeries réunies, rue Mignon, 2, Paris. — 4281.

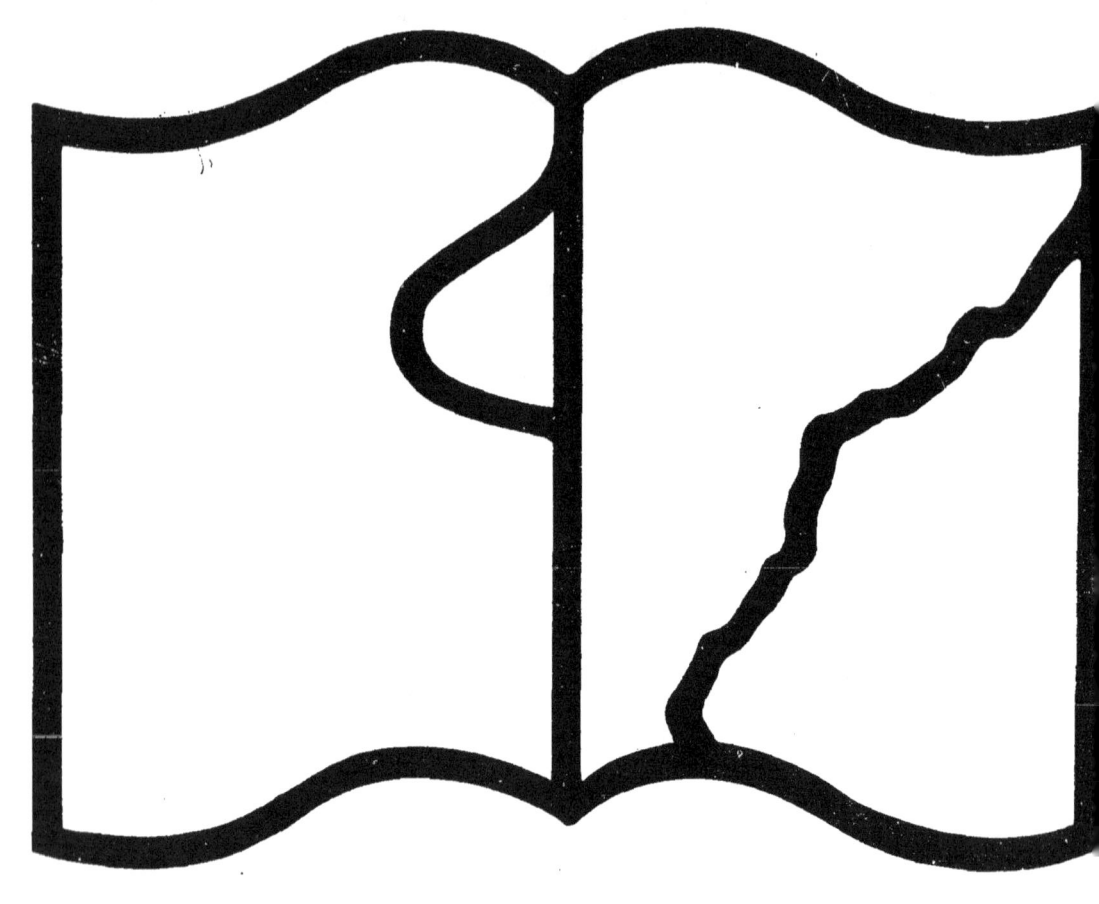

Texte détérioré — reliure défectueuse

NF Z 43-120-11

www.ingramcontent.com/pod-product-compliance
Lightning Source LLC
LaVergne TN
LVHW021007090426
835512LV00009B/2132